Meninas Negras

Madu Costa

Desenhos de Rubem Filho

NA ESCOLA, A PROFESSORA CONTA QUE OS NEGROS VIERAM DA ÁFRICA. VIERAM COMO ESCRAVOS.

A MENINA SONHA COM A LIBERDADE.
SEU SONHO ATRAVESSA O OCEANO ATLÂNTICO
E ENCONTRA A MÃE ÁFRICA LINDA E LIVRE.

Dandara

DANDARA É UMA LINDA MENINA:
NEGRA, OLHOS GRANDES E ESPERTOS,
SORRISO ABERTO.

DANDARA QUER UM BICHO DE ESTIMAÇÃO. ELA QUER UMA GIRAFA OU UM LEÃO.

ELA QUER UM TIGRE PINTADO NO CHÃO.
QUER TER MUITAS ZEBRAS DORMINDO NO SEU COLCHÃO.

NA ESCOLA, A PROFESSORA FALA DA ÁFRICA, DAS SUAS TERRAS...
DANDARA VIAJA OLHANDO AS NUVENS PELA JANELA:
É GIRAFA, ELEFANTE, TIGRE E LEÃO.
DANDARA VOA NA IMAGINAÇÃO.

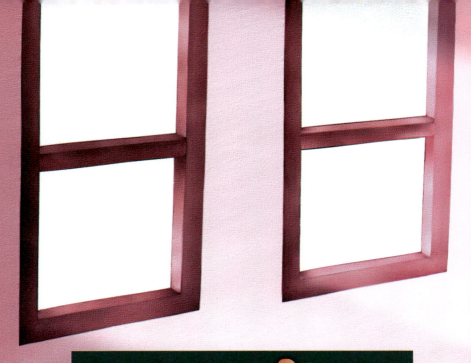

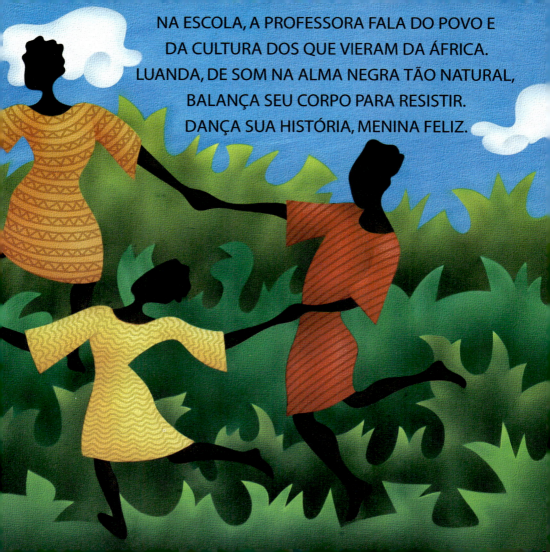

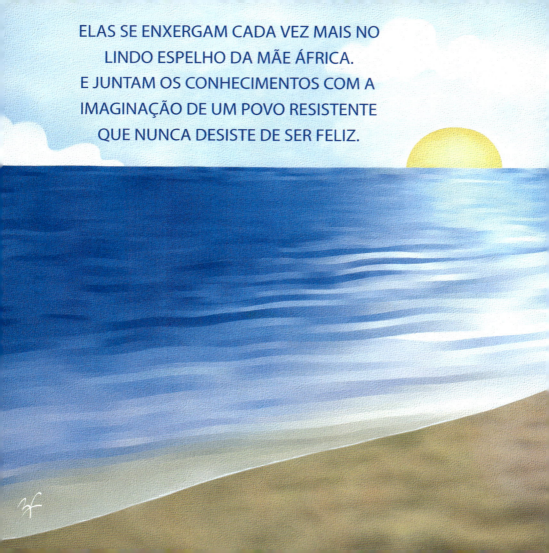

ELAS SE ENXERGAM CADA VEZ MAIS NO LINDO ESPELHO DA MÃE ÁFRICA. E JUNTAM OS CONHECIMENTOS COM A IMAGINAÇÃO DE UM POVO RESISTENTE QUE NUNCA DESISTE DE SER FELIZ.

Copyright © 2006 by Maria do Carmo Ferreira da Costa.
Todos os direitos reservados.

Capa, ilustrações e projeto gráfico
Rubem Filho

Revisão
Ana Emília de Carvalho

9ª reimpressão – 2024

C837m   Costa, Madu.
       Meninas Negras / Madu Costa; desenhos de
   Rubem Filho. – 2. ed. – Belo Horizonte : Mazza Edições, 2010.
   24 p.: il.; 15 x 15 cm. – (Coleção Griot Mirim; v. 3).

      ISBN 85-7160-360-X (Coleção)
      ISBN 978-85-7160-518-3

      1. Literatura infantil. I. Rubem Filho. II. Título. III. Série

                                        CDD: 028.5
                                        CDU: 087.5

Produção gráfico-editorial

MAZZA EDIÇÕES LTDA.
Rua Bragança, 101 - Bairro Pompeia - Telefax (31) 3481-0591
30280-410 - Belo Horizonte - MG
edmazza@uai.com.br
www.mazzaedicoes.com.br